KB005247

독보적인 저널리즘

독보적인 저널리즘

발행일 : 제1판 제1쇄 2017년 8월 8일 제1판 제2쇄 2018년 4월 25일
지은이 : 뉴욕타임스 2020그룹 옮긴이 : 강진규
발행인·편집인 : 이연대 주간 : 김하나
편집 : 서재준 제작 : 허설 지원 : 유지혜 고문 : 손현우
펴낸곳 : ㈜스리체어스 _ 서울시 종로구 사직로 67 2층
전화 : 02 396 6266 팩스 : 070 8627 6266
이메일 : contact@threechairs.kr
홈페이지 : www.bookjournalism.com
출판등록 : 2014년 6월 25일 제300 2014 81호.
ISBN : 979 11 86984 15 4 03300

BOOK
JOURNALISM

독보적인 저널리즘

뉴욕타임스 2020그룹 보고서, 강진규 옮김

: 뉴욕타임스의 기사는 지면에서 컴퓨터로, 이제는 스마트폰으로 옮겨져 독자들에게 다가가고 있다. 그러나 디지털 혁신은 아직 끝나지 않았다. 오히려 독자들이 뉴스와 정보를 접하고 소통하는 방식은 더 빠르게 변하고 있다. 이제 우리도 독자들의 속도에 발을 맞춰야 한다. 발전과 혁신을 방해하는 묵은 관습은 버려야 한다.

차례

옮긴이의 말　　　　　　유료 뉴스의 조건

2017년 1월 뉴욕타임스는 미래 보고서인 〈2020그룹 보고서〉를 공개했다. 2020그룹은 뉴욕타임스의 기자들로 구성된 일종의 미래 전략 태스크포스TF다. 2014년 내부 혁신 보고서를 통해 디지털 중심의 저널리즘으로의 변화를 미래 전략으로 제시한 뉴욕타임스는 〈2020그룹 보고서〉를 통해 '끊임없는 변화'의 방향성을 다시 강조했다.

> "우리는 구독자 중심의 비즈니스를 추구한다. 우리는 사이트 접속 클릭 수를 높이거나 소액 광고를 유치하기 위해 노력하지 않는다. 우리에게 가장 적합한 비즈니스 모델은 강력한 저널리즘 콘텐츠를 공급하여 전 세계 수백만 명의 독자들이 기꺼이 돈을 내고 우리 기사를 읽게 하는 것이다."

이번 미래 보고서의 내용을 한마디로 축약하면 공짜 뉴스가 판치는 현실에서 돈을 받고 팔 수 있는 가치를 가진 디지털 기사들을 만들겠다는 것이다. 현직 기자로 일하는 입장에서 '구독자 중심의 비즈니스'라는 문장에서 눈이 떠나질 않았다. 동시에 국내 포털 사이트에서 쉽게 찾아볼 수 있는 '충격, 경악' 등의 단어로 점철된, 네티즌들을 '낚기' 위해 만들어진 수많은 기사들의 제목이 눈앞을 스쳐 지나갔다.

뉴욕타임스는 이 목표가 회사를 창립한 1851년부터 지금까지 지켜 왔던 저널리즘의 가치와 부합한다고 말한다. 뒤집어 말하면 결국 저널리즘이라는 것이 추구하는 목표, 가치라는 것은 특별히 새로울 필요가 없다는 뜻이기도 하다. 한국의 언론사들도 이를 모르지 않을 것이다. 그런데 왜 뉴욕타임스만 유독 성공한 사업 모델을 제시할 수 있게 됐을까?

스마트폰이 탄생하자 사람들은 생활 터전의 일부를 그 안으로 옮겼다. 불과 수년 전만 해도 지하철에는 무가지 열풍이 불었는데, 요즘 지하철에서 손가락에 침 발라 가며 종이 신문을 넘기는 사람들은 거의 볼 수 없다. 기자가 아닌 지인들은 "요즘 누가 종이 신문을 돈 주고 사 읽느냐"고 냉소적으로 말한다. 최소한 한국에서 뉴스라는 것은 부가 가치를 지닌 상품 취급을 못 받은 지 오래다.

불과 몇 년 전에 미국의 언론사들도 비슷한 위기를 겪었다. 그래서 뉴욕타임스가 2011년 전면적인 온라인 유료 구독 모델을 선보였을 때 사람들은 우려했고, 비웃었다. 6년이 지난 지금, 전 세계에서 150만 명이 뉴욕타임스의 디지털 기사를 유료로 구독한다. 150만 명이라는 숫자는 뉴욕타임스의 종이 신문 구독자 100만 명을 훌쩍 넘긴 수치다. 뉴욕타임스는 2017년 1분기에 디지털 뉴스 구독료로 7300만 달러(약 820억 원)를 벌어들였다. 2016년 1분기 대비 40퍼센트 증가한 수치다.

뉴욕타임스는 안주하지 않고 더 강력한 내부 혁신을 시

도하고 있다. 지난 150년간 지켜 온 자사의 저널리즘 가치와 강점을 디지털에서 더 강력하게 구현하기 위한 것이다. 그래 프와 동영상 등 다양하고 입체적인 시각적 효과를 기사에 포 함할 것을 기자들에게 주문한다. 아예 기사 작성 초기 단계부 터 그래픽 디자이너, 비주얼 디자이너와 에디터 간의 적극적 협력을 요구하기도 한다.

2016년 10월, 미국 대통령 선거 운동이 한창일 때 뉴욕 타임스는 도널드 트럼프 당시 공화당 후보에게 성추행을 당 했다고 주장하는 여성을 인터뷰했다. 그리고 그 기사는 해당 여성의 인터뷰가 고스란히 담긴 영상으로 공개됐다. 취재원의 증언이 활자에만 갇히지 않고 생생하게 다가오자 기사의 파급 력은 높아졌다. 사람들은 기꺼이 지갑을 열었다.

2017년 6월 12일 온라인에 출고된 '첼시 매닝의 길고 고독한 길The Long, Lonely Road of Chelsea Manning'이라는 제목의 기사 는 뉴욕타임스의 진화된 디지털 콘텐츠를 확인할 수 있는 좋 은 예다. 이 기사는 2010년 위키리크스Wikileaks에 미국 정부의 기밀 파일을 대량으로 넘긴 혐의로 많은 논란을 일으켰던 첼 시 매닝의 인터뷰 기사다. 군인 신분으로 기밀 유출을 감행한 매닝은 이로 인해 35년 형을 선고받고 복역하던 중 올해 초 특별 사면으로 조기 석방됐다.

이 기사의 핵심은 독자들에게 매닝의 모습을 보여 주는

방식에 있다. 매닝은 스스로의 선택으로 성전환 수술을 받고 있었는데 — 성전환 전 이름은 브래들리 매닝Bradley Manning이다 — 9000자에 이르는 장문의 기사에서 매닝의 모습은 여러 장의 감각적인 고화질 사진으로 다뤄졌다. 포토저널리즘과의 조화가 이뤄진 것이다. 책상에 앉아 허공에 손짓을 하고 있는 뻔한 인터뷰 사진이나, 매닝의 성전환 사실을 부각하려는 의도가 담긴 자극적 사진은 없었다.

국내 언론의 디지털 저널리즘 전략은 이에 미치지 못한다. 디지털, 온라인을 부르짖으면서도 여전히 '충격, 경악'으로 점철된 제목들을 포기하지 않는다. 선정적인 제목과 내용으로 클릭만을 유도하는 것도 문제지만 사실 지면 기사와 비교했을 때 내용이나 구성의 차별성도 찾기 어렵다. 온라인상에서만 경험할 수 있는 장점이 부각되지 않는 것이다. 여전히 지면, 혹은 '9시 뉴스' 중심의 사고방식에 머무르는 언론사들은 아직도 디지털을 뉴스의 주요 수단으로 활용하지 못한다.

사회, 정치, 문화 등 분야별로 현상의 맥락을 살펴야 하는 기자들이 정작 필요한 만큼의 취재 시간과 환경을 보장받지 못하는 데도 원인이 있다. 대다수 기자들이 속보 경쟁으로 인한 과도한 업무량으로 하루살이 신세를 벗어나지 못하고 있기 때문에 기사 하나에 많은 공을 들이기 어렵다.

뉴욕타임스는 매닝의 기사를 위해 관련 취재를 몇 달에

걸쳐 진행했다. 기사의 톤은 담담하면서도 단단했다. 양질의 취재 없이 양질의 기사가 나올 수는 없다는 단순한 공식을 이 기사는 여실히 보여 줬다.

한국의 언론 환경은 암담하다. 종이 신문의 매출 하락으로 광고비가 빠지면서 전체 수익 구조가 흔들리고 있다. 그 영향으로 신규 인력 채용은 제한될 수밖에 없고 기존의 구성원들은 과도한 업무량에 시달리며 저질의 기사를 '뽑아내기만' 하는 악순환이 반복된다. 홈페이지의 페이지뷰 숫자를 높이기 위한 자극적 제목의 기사가 늘어날수록 독자들의 신뢰는 떨어진다. 언론사들이 이를 모르는지, 모르는 척하는지는 알 수 없다.

중앙일보는 2015년부터 나름의 디지털 혁신을 꾸준히 진행해 왔다. 아직은 정착 단계라고 볼 수 있지만 지면과 별도로 운영하는 디지털 콘텐츠팀을 운영하고 있는 것은 주목할 만하다. 조선업 경기 여파로 인해 직격탄을 맞은 거제시를 취재한 '거제, 이대로 추락할까'와 법조 사회 특유의 조직 문화가 사법 체계에 끼치는 영향을 취재한 '검사의 초상' 시리즈는 나름의 반향이 있었다.

하지만 중앙일보도 아직 디지털 콘텐츠의 유료화 단계까지는 가지 못하고 있다. 뉴스는 공짜로 보는 것이라는 인식이 팽배한 대한민국의 언론 생태계에서 디지털 콘텐츠의 유료화를 시행하는 것은 여전히 쉽지 않은 일이다.

　"나는 독자들이 기꺼이 돈을 낼 수 있는 기사들을 쓰고 있을까?"라는 질문을 품고 번역 작업을 시작했다. 번역이 끝나 갈 무렵 어렴풋하게나마 질문에 답할 수 있게 된 것 같다. 독자들에게는 나의 짧은 몇 마디 말보다 지금부터 만나게 될 뉴욕타임스의 비전이 더 좋은 답이 될 수 있을 것이다.

2017년 8월

강진규

서문 중대 기로에 선 뉴욕타임스

뉴욕타임스New York Times는 지금 중대 기로에 서 있다. 구성원들은 혁신의 실현을 고대하고 있고 이 혁신을 이끌 준비도 돼 있다. 다만 상황이 녹록하지 않다는 것이 문제다. 지금 뉴욕타임스는 급변하는 미디어 환경을 활용해 독보적인 위치에 오를 수 있는 기회와, 혁신에 뒤처져 미디어 환경의 급변 속에서 쉽게 쇠퇴해 버릴 수도 있는 위기를 동시에 맞이하고 있다.

지난 2년간 뉴욕타임스는 중요한 혁신을 이뤄 냈다. 하지만 혁신의 속도는 더 빨라져야 한다. 지금까지 디지털은 뉴욕타임스의 업무에서 보조적인 수단 정도로만 여겨졌다. 혁신을 가로막는 이런 인식의 장벽을 무너뜨려야 한다. 지금까지 지켜 온 전통과 앞으로 마주할 과업은 엄연히 다른 것이기 때문이다. 과업은 뉴욕타임스 고유의 저널리즘 가치를 고수하기 위해 '새롭게 해내야 하는 일'이고, 전통은 우리의 가치를 위해 '항상 해오던 일'이라는 차이가 있다.

뉴욕타임스의 목표는 독자들에게 필수적이고 영향력 있는 언론사로 거듭나는 것이다. 뉴욕타임스는 과거 지면(종이 신문) 중심의 언론 생태계에서도 똑같은 목표를 추구하며 많은 구독자를 확보했다. 지금도 많은 독자들이 스마트폰에서 뉴욕타임스의 어플리케이션을 사용하며, 수많은 소셜 네트워크 서비스social network service의 혼란스러움 속에서도 뉴욕타임스의 뉴스레터와 브리핑을 구독하는 등 지속적인 콘텐츠 수요를 보이고 있다.

뉴욕타임스의 사업 모델은 '구독자 중심'이라고 말할 수 있다. 구독자에게 집중하는 방식은 뉴욕타임스로 하여금 다른 언론사와 차별화된 수익 구조를 구축할 수 있게 했다. 웹사이트 클릭 수만 높이거나 저렴한 광고들을 유치하기 위해 애쓰지 않고 난립하는 조회 수pageview 경쟁에서 굳이 이기려 들지 않은 결과다.

뉴욕타임스는 보다 내실 있는 뉴스 콘텐츠를 제공해 전 세계 수백만 명의 독자들이 기꺼이 유료로 우리의 콘텐츠를 구독하도록 유도하는 것이 더 안정적인 사업 방식이라고 믿는다. 이런 방식이 뉴욕타임스가 오랫동안 추구해 온 저널리즘의 가치와 더 부합한다. 그리고 이를 통해 얻은 성과가 뉴욕타임스를 더욱 돋보이는 언론사로 거듭나게 만들 것이라고 확신한다.

뉴욕타임스의 전략은 성공적으로 구현되고 있다. 독창적이며 양질의 기사를 위해 우리는 경쟁사들에 비해 월등히 많은 투자를 하고 있다. 2016년에 뉴욕타임스 기자들은 전 세계 모든 국가의 80퍼센트에 가까운 150개국을 현장 취재했다. 뉴욕타임스보다 우수한 취재 인력을 더 많이 확보하고 있는 언론사는 없을 것이다. 톱클래스의 기자들이 수시로 뉴욕타임스에 채용 관련 문의를 하고 있으며 창의적이고 독보적인 사람들이 지속적으로 합류하고 있다.

우리에게 가장 중요한 것은 뉴욕타임스에 시간과 돈을 할애하는 독자들이 거는 기대와 칭찬이다. 뉴욕타임스의 기사는 다른 언론사의 보도에서 가장 많이 인용된다. 뉴욕타임스의 콘텐츠는 트위터Twitter에서 가장 많이 언급되며, 구글Google에서 가장 많이 검색되고 있다. 양질의 콘텐츠 덕분에 뉴욕타임스의 디지털 수익은 다른 경쟁사를 압도하고 있다.

최근 자료는 이 차이를 분명하게 보여 준다. 2016년 뉴욕타임스는 디지털에서만 약 5억 달러의 수익을 올렸다. 이 수치는 버즈피드Buzzfeed나 워싱턴 포스트Washington Post 등 다른 정상급 언론사들의 수입을 다 합한 것보다 많다.

디지털 구독 수익은 빠르게 성장하고 있으며, 뉴스 광고 시장이 구글이나 페이스북Facebook 같은 플랫폼으로 지속적으로 이동하는 와중에도 디지털 광고 매출 역시 증가하고 있다. 2016년 3분기엔 디지털 유료 구독 모델을 처음 도입한 2011년 이후 가장 많은 독자들이 디지털 회원으로 가입했다. 그리고 4분기에는 대선 여파로 인해 3분기보다 더 많은 유료 구독자가 가입했다.

우리는 현재 약 150만 명의 디지털 유료 구독자를 확보하고 있다. 150만이라는 수치는 디지털 유료 구독제 도입 후 6년 만에 달성한 것이며, 최근 1년 사이에만 50만 명이 늘어났다. 아울러 100만 명 이상의 종이 신문 구독자들 역시 여전히 양질의, 독보적인 뉴욕타임스의 콘텐츠를 누리고 있다.

하지만 지금의 성공을 이어 가면서 경쟁사들을 뛰어넘는 독보적인 저널리즘을 구축하기 위해 우리는 계속 혁신해야 한다. 지금까지 혁신해 온 것보다 더 빠르게 혁신해야 한다.

뉴욕타임스의 야심 찬 목표를 달성하기 위해서라도 혁신해야 한다. 뉴욕타임스의 야심 찬 목표는 '독창적이며, 시간을 투자하고, 발품을 팔아 취재했으며, 전문성이 확보된' 디지털 저널리즘 모델이 실현 가능함을 증명하는 것이다. 우리가 그간 많은 성과를 이뤄 낸 것은 사실이지만, 현재의 디지털 사업 규모로는 이런 야심 찬 목표를 달성하기 어렵다. 미래를 위해 2020년까지 디지털 유료 회원 숫자를 획기적으로 확장해야 한다.

> "실수하지 않아야 한다. 우리의 저널리즘에 대한 목표를 이루기 위해선 오직 한 가지 길만이 있다는 것을 분명하게 알아야 한다. 지금 아무것도 하지 않거나, 미래에 대한 구상을 게을리한다면 결국 뒤처질 수밖에 없게 될 것이다."

딘 바케이Dean Baquet 편집국장은 최근 편집국에 보낸 서한을 통해 〈2020 그룹 보고서〉의 의미를 위와 같이 설명했다. 바케이 국장의 말처럼, 성공의 후광이 혁신으로부터 자신을 보호해 줄 것이라고 생각한 회사들은 '한때의 영광'을 누렸을 뿐 이제는 모두 주저앉고 말았다.

디지털 유료 구독자 확보에 집중해야 하는 이유는 언론 생태계의 변화 때문이다. 지면 광고 시장과 온라인 광고 시장은 동시에 쇠락하고 있다. 그러나 구독자들에게 집중한다면 우리는 다른 언론사들보다 더 많은 광고를 유치하고 유지할 수 있을 것이다. 광고주들이 원하는 건 콘텐츠를 얻기 위해 뉴욕타임스를 지속적으로 찾으며 콘텐츠 소비에 시간을 할애하는 구독자들과의 '관계'를 형성하는 것이기 때문이다.

뉴욕타임스는 혁신적이고 수준 높은 저널리즘으로 광고주들이 원하는 독자들을 끌어오고 있다. 뉴욕타임스의 역량을 보여 주는 콘텐츠는 탐사 보도부터 세계 각국에 파견된 특파원이 보내오는 기사, 인터랙티브interactive 그래픽, 가상 현실virtual reality 콘텐츠, 스토리텔링storytelling의 개념을 재정립하게 만든 에미상Emmy Award 수상 영상까지 다양하다.

1년 전, '우리가 가야 할 길Our Path Forward'이라는 제목의 보고서에서 뉴욕타임스는 2020년까지 디지털 사업 부문의 수익을 지금의 두 배가량인 8억 달러로 증가시킨다는 목표를 제시했다. 이 목표를 달성하기 위한 핵심 전략이 바로 디지털 구독자의 확장이다. 이를 위해서는 발전과 혁신을 방해하는 묵은 관습들을 버려야 한다.

이런 언론 생태계의 변화들이 '2020그룹'을 탄생시킨 배경이라고 할 수 있다. 뉴욕타임스의 기자 7명으로 구성된 2020그룹은 지난 1년간 편집국의 데스크들과 긴밀한 작업을 진행해 왔다. 뉴욕타임스의 다른 기자들은 물론, 외부의 전문가들과도 많은 의견을 교환했다. 표적 집단 심층 면접focus group interview 방식 등을 통해 독자들의 행동 방식을 연구하고 편집국 전체를 상대로 설문 조사도 실시했다.

2014년에 혁신 보고서를 통해 뉴욕타임스 편집국의 문화를 바꿨던 혁신 위원회The Innovation Committee[1]가 2020그룹의 전신이라고 할 수 있다. 다만 2020그룹은 두 가지 면에서 혁신 위원회와 차이를 보인다.

첫째, 2020그룹은 지난 1년간 뉴욕타임스 편집국의 리더들과 함께 긴밀한 협업을 진행해 왔다. 그 결과 '혁신 가이드북' 같았던 2014년의 보고서와는 다른 성격의 보고서를 도출할 수 있었다. 2020그룹 리포트에서 제안하는 혁신들은 사실 뉴욕타임스 내부에서 이미 진행 중이다. 혁신의 세부적인 사항들은 편집국장을 비롯한 뉴욕타임스 리더들의 주도하에 실행되고 있다. 따라서 이번 보고서는 회사의 원칙, 우선 가치, 그리고 목표를 제시하는 성명서statement에 가깝다고 볼 수 있다. 이 보고서는 뉴욕타임스의 구성원들이 회사가 제시하는 방향에 대해 이해의 폭을 넓히고 변화의 과정에서 더 큰 역할을 할 수 있도록 도와줄 것이다.

둘째, 2020그룹은 2014년 혁신 위원회의 보고서 첫 문장인 "우리는 승리하고 있다"는 문장에 담긴 전제에 새로운 의문을 던졌다. 물론 뉴욕타임스는 현재의 언론 생태계에서 승자로 평가받을 수 있다. 하지만 뉴욕타임스가 원하는 수준의 목표를 달성하고 이를 지속시키기엔 성공의 정도가 충분하지 않은 것 또한 사실이다.

뉴욕타임스는 아직 스토리텔링을 위해 활용할 수 있는 방식을 최대한으로 활용해 효과를 발휘하는 기사를 제대로 생산하지 못하고 있다. 이를 해낼 수 있다면 잠재적인 독자들에게 한 발짝 더 다가갈 수 있을 것이다. 호기심이 많고 수준이 높은 독자들이 먼저 찾는 기사를 만들어야 한다. 이런 독자들이 세상에 대한 이해의 폭을 넓히고, 탐색하는 데 도움을 줄 수 있는 차별화된 저널리즘을 제공해야 한다.

우리는 수십 년 동안 쌓인 과거의 관성을 여전히 버리지 못하고 있다. 그러나 그 관성은 우리가 독자들을 하루에 한 번 신문으로 만나던 시절에만 유효할 수 있었다. 그때는 언론이 독자들과 적절한 거리를 유지함으로써 일종의 '후광 효과'를 누릴 수 있었으며, 언론이 가진 가장 강력한 도구가 신문의 지면뿐이었다. 이제는 시대가 변했다. 기존의 독자들을 유지하면서 새로운 독자를 확보하기 위해서는 새로운 형태의 저널리즘을 뉴욕타임스에 접목시켜야 한다.

　　독자들에게 더 매력적인 언론사로 거듭나기 위해, 또 앞으로도 그 위상을 유지하기 위해서는 3가지 혁신이 반드시 필요하다. 바로 보도의 혁신, 구성원의 혁신, 업무 방식의 혁신이다.

1 　　　　　보도의 혁신

뉴욕타임스는 하루에 200여 개의 기사를 출고한다. 이 200개의 기사 중엔 어디에 내놔도 최고 수준의 평가를 받는 기사들도 있다. 반면 영향력도 낮고 가독성도 떨어지는 질 낮은 기사들도 많다. 이런 기사들 탓에 많은 독자들이 뉴욕타임스를 외면하기도 한다. 독자가 외면하는 콘텐츠들은 다음과 같이 분류할 수 있다.

①경쟁사와 차이가 미미한 기사
②시급하지 않은 기획 기사와 칼럼
③명쾌하지 못하고 난해하며 원론적인 글
④사진·동영상·표로 대체해야 할 긴 글로 구성된 기사

대체로 소수의 독자들만이 읽는 기사에 지나치게 많은 자원을 할애할 필요는 없다. 특별한 목적이 있는 기사나, 구독자 수와 상관없이 나름의 의미를 지닌 기사를 제외하면 이런 보도를 답습하는 것은 결코 좋지 않다. 이런 방식은 기자들과, 교열 및 편집자를 비롯한 모든 구성원의 시간을 낭비하는 결과를 낳으며 보도의 생명력도 약화시킨다.

가장 가독성이 떨어지는 기사는 '뻔한' 기사들이다. 최소한의 요건만 갖추고 시각적 효과는 없으며 경쟁사 기사와 비교해도 큰 차이가 없는 기사들이라고 할 수 있다. 뻔한 기사들은 다른 언론사에서도 공짜로 볼 수 있기 때문에 독자들이 군이 이런 기사를 보기 위해 구독료를 낼 리는 없을 것이다.

뉴욕타임스의 저널리즘은 독자의 욕구, 습관, 기대를 모두 충족시켜야 한다. 이 기준은 현재에도, 미래에도 동일하게 적용된다. 더 많은 독자들이 핵심적 정보를 얻기 위해 뉴욕타임스를 찾도록 만들어야 하며, 독자들이 매일 시간을 할애할 수 있고 지불한 구독료의 값어치를 한다고 느끼는 기사를 만들어 내야 한다.

기사의 시각화

뉴욕타임스는 비주얼 저널리즘visual journalism에 있어 독보적 입지를 인정받고 있다. 우리는 뉴스를 위한 스토리텔링의 개념을 새로 정립했고, 관련 분야에서 선두로 자리매김했다. 그러나 아직 풍부하고 매력적인 저널리즘을 만들 수 있는 수단들을 충분히 활용하지 못하고 있는 것이 사실이다. 대부분의 뉴욕타임스 기사들이 여전히 장문의 글로만 가득 차 있는 것을 보면 이를 알 수 있다.

2016년에 보도한 뉴욕 지하철 노선 관련 논쟁을 소개한 기사에 대해 한 독자는 "논쟁의 중심에 있는 지하철 노선의 사진이나 그림을 정작 기사에선 찾아볼 수조차 없었다"고 지적했다. 이와 비슷한 문제는 다른 기사에서도 불거지곤 한다.

최근 선보인 미국 흑인의 역사와 문화, 두테르테 필리핀 대통령의 마약 방지 캠페인, 시몬 바일스의 기획 기사는 비주얼 저널리즘의 효력을 증명한다.

예를 들어 예술 관련 기사를 쓸 때, 기자들이나 평론가들의 시각 자료 활용 기술은 아주 기초적인 수준을 벗어나지 못한다. 문맥에 맞게 시각적 효과를 대입하는 법을 배우는 적절한 교육을 받지 못했기 때문이다. 뉴욕타임스가 운용하는 콘텐츠 관리 시스템인 스쿱Scoop은 애초에 기사 작성 과정에서 시각적 효과의 배치를 부수적 요소로만 간주하도록 설계됐다. 따라서 이런 문제들은 모든 분야의 기사에 똑같이 발생한다. 이를 해결하기 위해 개발된 오크Oak라는 프로그램이 스쿱에 새로 설치됐고 실제로 고무적인 효과를 나타내고 있다.

뉴욕타임스라는 틀 안에서 성장하기를 원하는 기자와 편집자들, 평론가들에게 충분한 교육을 제공함과 동시에 적절한 권한도 보장해 줄 필요가 있다. 한 기자는 2020그룹의 설문 조사 과정에서 "그래픽을 추가하면 기사의 설득력을 높일 수 있다는 것을 알지만 정작 그래픽 작성에 대해 별 도움을 받을 수 없다는 사실에 소극적으로 대응하게 된다"라고 토로하기도 했다. 이런 문제를 해결하려면 시각 효과를 다루는 인력을 늘리고 더 많은 관련 전문가들이 편집국의 상급자로 배치돼야 한다.

또한 사진 기자들, 영상 기자들, 그래픽 담당자들이 기사 작성에 있어 보조적 역할이 아니라 중심적인 역할을 맡아야 한다. 이들이 중심적 역할을 맡아 작성했던 훌륭한 기사들이 왜 이런 변화가 필요한지를 그대로 증명해 준다. 시각적으로 돋보이는 기사를 만드는 것은 뉴욕타임스의 성장에 있어 큰 기회가 될 것이다.

활자와 디지털의 결합

뉴욕타임스의 '데일리 브리핑daily briefing'[2] 코너는 최근 몇 년간 시도했던 콘텐츠 중 가장 성공적이었다. 데일리 브리핑은 구독자와 비구독자를 가리지 않고 많은 독자들로부터 큰 인기를 끌고 있다. 데일리 브리핑은 뉴욕타임스가 그간 진행한 디지털 혁신의 일환으로 탄생했으며 지면의 디지털적 구현이라고 할 수 있다. 데일리 브리핑을 통해 가능한 모든 기술과 콘텐츠를 동원해 독자들의 생활 패턴과 부합하는 일상적인 정보를 전달하고 있다.

데일리 브리핑과 같은 혁신적인 콘텐츠는 많을수록 좋다. 지면용으로는 알맞지만 디지털 생태계에선 맞지 않는 기사들이 아직 많기 때문이다. 독자들이 습관적으로 뉴욕타임스의 콘텐츠를 찾을 수 있도록 해야 한다. 뉴스레터, 속보, 질의응답 FAQs, 자유게시판, 각종 영상과 음성 자료, 그리고 아직 구현되지 않은 형식을 새롭게 개발하는 등 다양한 길을 찾아야 한다.

이런 과정들을 통해 뉴욕타임스의 기자들이 정형화된 방식에서 벗어나 대화체의 문장을 구사하도록 유도해야 한다. 뉴욕타임스의 기자들은 이미 SNS, 라디오, TV에서는 이런 소통 방식을 활용하고 있다. 이런 자연스러운 소통 방식의 가장 큰 장점 중 하나는 전문적 자질을 지닌 뉴욕타임스의 기자들이 현장에서 발로 뛰고 있음을 분명하게 독자들에게 인식시킬 수 있다는 것이다. 이를 통해 뉴욕타임스만의 차별성을 보여 줄 수 있다. 그러나 기자들은 아직 이런 문법과 화법을 충분히 구사하고 있지 못하며 간혹 쓰더라도 1인칭 시점 first-person voice에서 벗어나지 못하고 있다. 1인칭 시점의 소통 방식을 활용하는 것이 나쁘다는 것은 아니지만 1인칭 시점에만 전적으로 의존할 수는 없다.

새로운 형태의 기사들을 선보일 수 있는 잠재력이 있음

에도 제대로 구현하지 못하는 원인은 내부에서도 찾을 수 있다. 인터랙티브 뉴스팀의 한 개발자는 "형식적으로 차이가 큰 인터랙티브 기사도 통상적인 기사 제작 방식을 벗어나지 못하게 하고 있다"라고 지적했다. 구성원들에게 충분한 능력이 있음에도 시스템의 오류가 이를 받쳐 주지 못하는 일종의 '병목 현상'이 발생하고 있는 것이다.

뉴욕타임스는 다양한 디지털 저널리즘 구현 방식을 도입하며 진화하고 있다. 영상과 가상 현실 등 진화의 성과도 분명하다. 하지만 우리의 발전 속도는 더 빨라져야 한다. 그리고 더 많은 기자들이 이런 창의적이고 생산적인 과정에 참여해야 한다. 뉴욕타임스의 수준은 그저 지면이나 데스크톱 컴퓨터에서 소비되는 콘텐츠를 만들어 내는 정도에 머무를 수 없기 때문이다.

특집에 대한 새로운 접근, 서비스 저널리즘

종이 신문 시절의 뉴욕타임스는 큰 성공을 거뒀다. 그러나 그 성공은 역설적으로 디지털 콘텐츠에 있어서 확실한 존재감을 보여 주지 못한 원인이 되기도 했다. 뉴욕타임스는 이제 요리cooking나 TV 리뷰watch 섹션처럼 경쟁사에 비해 비교 우위를 지닌 특집feature 기사 분야에 디지털 방식을 도입하는 데 집중할 필요가 있다.

뉴욕타임스는 1970년대부터 본격적으로 특집 기사를 선보였다. 당시에 '일상life'이나 '집home'과 같은 특집은 광고 유치에도 목적이 있었다. 동시에 독자 입장에선 무엇을 어떻게 요리하고, 입고, 누릴지에 대한 알찬 정보를 얻을 수 있다는 것이 특집 기사의 매력이었다. 이런 전략은 큰 성공을 거뒀다.

그러나 이제는 '재미와 정보 전달'이라는 특집 기사의 기능을 유지하면서도 콘텐츠의 구체적 활용 방식을 조언해 주는 새로운 전략이 필요하다. 뉴욕타임스는 유독 특집 부분에선 기존의 전략만을 고수하며 디지털 영향력을 확장하지 못했다. 동시에 지면에서도 창의적이고 현대적인, 그리고 독자들과 밀접하게 소통하는 기사를 싣지 못했다. 1970년대 선배 기자들이 보여 줬던 혁신적 사고와 열정을 따라가지 못하고 있는 것이다.

뉴욕타임스의 독자들은 특집 기사를 통해 알차고 실질적인 정보를 얻길 기대한다. 많은 기사들이 그런 욕구를 채워 주기에 부족했던 것이 사실이다. 어떤 기사들은 아예 지면으로만 보도돼 접근성에 한계가 있었다. 최근 인수한 와이어커터Wirecutter와의 협업이나 새로 도입한 스마터 리빙smarter living 섹션을 통해 뉴욕타임스는 독자들을 위한 '조언'을 해주는, 서비스 저널리즘service journalism이라는 새로운 방식을 실현하고 있다.

아직 서비스 저널리즘의 성과가 만족스럽지 못한 것은

웰빙(well) 섹션은 뭔가를 배우거나 조언을 얻고 싶은 독자들에게 팁을 제공한다.

사실이다. 뉴욕타임스는 앞서 언급한 '우리가 가야 할 길' 보고서를 통해 꽤 높은 수의 구독자와 수익 확보를 목표치로 제시했다. 2020그룹이 제시하는 비전을 충실히 따른다면 가능하겠지만 계속 기존의 방식을 답습한다면 목표를 달성하는 건 불가능할 것이다.

1970년대의 특집 기사 확장 전략을 현시점에 맞춰 다시 연구하고 실행해야 한다. 편집국의 자원을 새로운 분야에 적극적으로 투입해 신규 독자를 끌어와야 한다. 이런 방식으로 성과를 낸다면 자연스럽게 새 광고주도 끌어올 수 있을 것이다. 1970년대 특집 기사의 성공은 훌륭한 탐사 보도로 이어졌고, 뉴욕타임스가 전 세계로 외연을 확장하는 데 크게 기여했다. 특집 기사 섹션 그 자체로 훌륭한 저널리즘이 완성된 것이다. 이 방식을 재현할 필요가 있다.

　　다만 과거 특집 기사의 형식을 그대로 따라가기보다는 독자들에게 알차고 실질적인 정보와 '조언'을 주는 새로운 형태의 기사를 만드는 것이 중요하다. TV와 영화, 패션 등 빠르게 변화하는 트렌드를 독자들이 바로 즐길 수 있게 도움을 줘야 한다. 한편으론 뉴욕타임스를 오랫동안 사랑해 준 '충성 독자'들의 입맛을 맞추고 전통 있는 언론의 입지를 지키기 위한 기본적인 기사들 역시 꾸준히 써내야 할 필요가 있다.

독자의 재정의

독자들과의 소통의 폭을 넓히면 독자의 충성도도 높아진다. 소통, 참여를 통해 독자들은 자신들이 '커뮤니티'의 일원이라는 느낌을 받기 때문이다. 뉴욕타임스의 구독자들은 '커뮤니티'를 구성하기에 적합한 독자군이다. 음식, 서적, 여행, 테크놀로지, 단어 퍼즐, 정치, 외교 등 우리의 콘텐츠에 대해 대화하고 배우고 싶어 하기 때문이다.

　　뉴욕타임스는 다른 언론사보다 앞서가는 독자 논평(댓글) 플랫폼을 보유하고 있지만 아직 독자들의 참여를 극대화시키진 못했다. 독자들 간의 교류는 뉴욕타임스 홈페이지 곳곳에서 이루어진다. 어떤 독자들은 오피니언 섹션의 '더 스톤

the stone '[3] 섹션에서 활발한 철학적 토론을 벌이고, 단어 퍼즐의 광팬들은 워드플레이wordplay 섹션에서 활발하게 활동하고 있다. 웰빙well 섹션의 암 생존자 관련 기사와 요리 섹션의 초콜릿 칩 레시피에도 독자들은 좋은 반응을 보이고 있다.

뉴욕타임스는 그간의 경험과 연구를 통해 독자들이 뉴스의 재생산에 직접 참여하는 것에 큰 의미를 부여한다는 결론을 내렸다. 최근《컬럼비아 저널리즘 리뷰CJR》[4]에 실린 반응은 우리의 결론을 뒷받침한다.

> "내 친구는 자기 댓글이 등록될[5] 때마다 내게 연락을 해온다. 그 친구는 뉴욕타임스 기사에 자신의 댓글이 달릴 때마다 뉴스 에디터가 독자의 편지를 받는 것과 비슷한 기분을 느끼는 것 같다."

독자들이 우리 플랫폼에 오래 머무르며 콘텐츠를 소비한다면 자연스럽게 충성도도 높아질 것이다. 독자, 소비자와의 네트워크 구축은 미디어 스타트업 회사들의 성장 동력이기도 하다. 페이스북이 대표적인 사례다. 그러나 뉴욕타임스와 페이스북은 성격이 좀 다르다. 뉴욕타임스 독자들의 친구, 친척, 동료들이 뉴욕타임스의 콘텐츠를 더 많이 접하고 활용한다고 해서 뉴욕타임스라는 회사의 가치가 새삼스럽게 높아

지거나 독자들 간의 시너지가 발생한다고 단정할 수는 없기 때문이다. 이는 앞으로 반드시 개선해야 할 문제라고 할 수 있다.

실력 있는 기자들이 활약하고 있고, 역량 있는 기자들이라면 한번쯤 일하고 싶은 곳이 바로 뉴욕타임스다. 이런 차원에서 보면 현재 편집국 인력 구성의 대부분은 변동의 여지가 없다고 할 수도 있다. 뉴욕타임스는 치열하게 고민하는 기자들, 훌륭한 문장을 만들어 내고 사안을 분석하는 에디터들로 이루어진 지금의 이상적인 인력 구조를 유지할 필요가 있다. 이는 기자들이 영향력 있는 기사를 취재할 수 있는 시간과 자원을 계속해서 제공해야 한다는 뜻이기도 하다.

그렇다고 해서 인력 구조의 변화가 불필요하다는 뜻은 아니다. 우리는 기자들의 능력과 회사가 이루고자 하는 저널리즘의 지향점을 일치시켜야 한다. 보다 영향력 있는 뉴스와 정보를 생산해서 신규 구독자들을 지속적으로 확보할 수 있는 언론사로 뉴욕타임스를 거듭나게 할 우수 인력을 계속 발굴해야 한다.

교육의 확대

2020그룹이 실시한 설문 조사를 보면 뉴욕타임스의 많은 기자와 에디터들은 디지털과 관련한 새로운 기술을 배우고 싶어 한다. 이들은 뉴욕타임스의 저널리즘이 이미 변화하고 있고, 앞으로도 더 혁신할 것을 알고 있으며 그 혁신에 적극적으로 기여하고자 한다. 그러기 위해서는 회사가 제시하는 기준

최근의 채용 공고(오디오 제작 프로듀서, 국내 뉴스와 젠더 이슈 관련 기자, 에디터)

에 부합하는 디지털 저널리즘을 위해 필요한 새로운 지식과
기술을 배울 필요가 있다.

　편집국을 대상으로 한 교육의 질적 수준은 지난해 크게
향상됐지만 여전히 더 확장될 필요가 있다. 최근 편집국에 합
류한 한 기자는 "다양한 플랫폼에 대해 교육받고 활용할 줄
아는 것은 중요한 부분"이라면서도 "교육 과정이 좀 무계획
적"이라고 지적했다.

　뉴욕타임스의 기자들은 세계 최고 수준의 실력을 가진
언론인들이다. 이들이 이미 확보한 전문성과 지식이 교육을
통해 새로운 스토리텔링을 위한 수단들과 합쳐지면 큰 시너
지를 낼 수 있을 것이다.

외부 인재의 영입 확대

혁신을 위해 필요한 전문성 있는 인재를 더 수혈해야 한다. 일부 분야에서는 전문성을 갖춘 인재들의 부족 현상이 두드러진다. 디지털 기사의 시각화를 담당하는 전문가들과, 문장력을 갖춘 기자, 기자들의 아이디어를 더 선명하게 만들고, 심도 있는 이야기를 효과적으로 독자들에게 전달할 줄 아는 에디터들이 더 필요하다.

지면 중심의 전통적인 활동에서 멀티미디어 중심의 새로운 활동으로 나아가는 것. 앞으로 영입할 인재들에게 뉴욕타임스가 기대하는 점이다. 과거와 달리 시각화를 담당하는 기자가 기사의 형식과 내용을 결정하는 것이 멀티미디어를 중심으로 한 '새로운 기능'의 한 형태가 될 수 있다. 따라서 그래픽 에디터, 사진작가 등 시각화와 관련된 인재들을 우선적으로 고용해야 한다. 디지털 방식을 잘 이해하는 우수한 교열·편집 인력의 채용도 중요한 부분이다. 물론 출입처[6] 중심의 전통적인 취재 영역에서는 뉴욕타임스가 추구하는 새 디지털 저널리즘과 무관한 채용도 진행될 것이다.

과거엔 뉴욕타임스가 일부 분야에서만 경쟁사보다 우위를 보여도 큰 상관이 없었지만, 이제 더 이상 이런 방식이 통하진 않을 것이다. 인터넷 중심의 저널리즘은 진부함을 용인하지 않기 때문이다. 기자들이 실수를 하거나, 기사의 뉘앙

스가 잘못되고 예리함을 놓쳤을 때, 트위터나 페이스북 같은 SNS에서 곧바로 신랄한 비판과 지적을 받는 것이 지금의 언론 생태계다. 평범하고 획일화된 정보를 공짜로 제공해 주는 매체는 이미 차고 넘친다. 역설적으로 높은 전문성에 대한 독자들의 요구가 커질 수밖에 없다.

우리는 이런 상황들을 반영해 스스로를 냉정하게 재평가할 필요가 있다. 우리가 다루고자 하는 주제들을 '제대로' 다루고 있는지에 대한 재평가가 필요하다는 뜻이다. 공짜 기사를 뿌려 대는 경쟁사들과 비교했을 때, 뉴욕타임스의 콘텐츠에 돈을 낼 만한 가치가 있는지 스스로 되물을 필요가 있다.

각 분야에서 최고로 인정받는 기자들이 뉴욕타임스에 포진하고 있기 때문에, 일단 "그렇다"고 자신 있게 답할 수는 있을 것이다. 총괄적으로 평가하면 경쟁사들은 뉴욕타임스 기사의 질을 아직 따라잡지 못하고 있다. 하지만 우리의 목표는 경쟁사들보다 그저 조금 더 잘하는 수준에 머무르는 것이 아니다. 뉴욕타임스의 목표는 경쟁사들보다 '월등히' 뛰어난 콘텐츠를 제공해서 이에 매혹된 수백만 명의 독자들이 모여드는 '뉴스의 종착지'가 되는 것이다.

편집국은 최근 몇 년간 매해 평균 약 70여 명 정도의 신규 인력을 채용했다. 이 인력 중 절반가량은 보도 책임자급 기자와 비디오 그래픽 기자, 그래픽 에디터 등 뉴욕타임스가 추구하는 저널리즘에 직접적인 영향을 주는 인재들이다. 그리고 앞으로 더 많은 인재들이 합류해 뉴욕타임스의 저널리즘에 힘을 보태 주기를 기대한다. 물론 예산 등 여러 문제를 고려했을 때 신규 인력의 추가로 인한 인사 개편도 피해 갈 수는 없을 것이다. 2020그룹은 이런 문제에 진지하게 접근하고 있다. 인사와 관련한 여러 가지 조치들은 2020그룹의 제안에서 가장 중요한 부분 중 하나다.

다양성의 확보

뉴욕타임스의 편집국 구성원에 다양성을 확보하는 것은 매우 중요한 과제다. 다양성이란 다인종, 여성, 지방 인재, 젊은 인재, 외국인 등이 포함되는 개념이다. 다양성을 보유한 구성원들을 받아들여 편집국 전체의 다양성을 확보하는 것은 양적으로 풍부하고 질적으로 깊이 있는 기사를 만들기 위한 필수 조건이라고 할 수 있다. 다양성의 확보는 더 많은 구독자 확보라는 뉴욕타임스의 전략을 달성하기 위해서도 중요하다. 다양성의 확보를 통해 우리는 전 세계의 독자들을 끌어들이고 미래의 독자들도 확보할 수 있을 것이다.

따라서 뉴욕타임스가 진행하는 모든 채용은 곧 구성원의 다양성을 확보하기 위한 기회로 볼 수 있다. 다양성을 확보하기 위해서는 채용의 개념도 바꿀 필요가 있다. 단순한 고용의 개념을 넘어 개개인의 경력 개발이 가능한 차원의 채용을 진행해야 한다는 뜻이다. 자녀를 둔 부모를 포함해 다양한 환경에서 살고 있는 사람들에게 각각에 맞는 커리어 발전의 기회를 보장해야 한다. 이는 독자들을 대하는 우리의 방식에도 영향을 줄 수 있다. 사건·사고나 탐사 보도 취재를 할 때, 기사의 방향을 정하는 데스크와 현장에 파견되는 기자들 모두 뉴욕타임스의 다양한 독자층을 분명히 인지한 상태에서 뉴스를 제작할 수 있어야 하기 때문이다.

최근 채용 관련 부서에 수석 부사장급 인사를 새로 배치한 것은 지금보다 높은 수준의 다양성을 확보하기 위해서라고 할 수 있다. 이런 과정들은 모두 뉴욕타임스의 성장으로 귀결될 것이다. 디자인팀과 마케팅팀, 기술팀에 테스트 개념으로 적용했던 다양성 확보 정책은 분명한 성과를 내고 있다. 이 테스트의 과정과 결과는 다른 팀에도 적용될 것이다.

프리랜서 운용의 개선

우리는 뉴욕타임스가 거둔 성과 전체를 편집국 구성원들만이 이룩한 것으로 오인하곤 한다. 사실 그 과정에는 프리랜서들이 기여한 바가 있다는 것을 간과하면 안 된다. 독자들은 뉴욕타임스 이름으로 보도되는 기사들을 통해 우리를 평가한다. 따라서 뉴욕타임스의 위상을 높이는 방법은 양질의 콘텐츠를 지속적으로 유지하는 것이라고 볼 수 있다. 그 길만이 신규 독자를 유치하는 가장 빠르고 경제적인 길일 것이다.

프리랜서들이 쓰는 콘텐츠는 뉴욕타임스에서 많은 비중을 차지하고 있다. 칼럼, 서평, 사진, 주말판 기사, 과학, 패션, 여행, 웰빙 섹션은 물론이고 중요한 사건·사고 기사에서도 많은 프리랜서 기자들이 활약하고 있다. 뉴욕타임스에서 프리랜서들의 기여도는 꽤 높은 편이다. 평균적으로 보면 프리랜서들의 콘텐츠가 뉴욕타임스의 소속 기자들이 쓴 기사보다 더 많은 구독자를 끌어오고 있기 때문이다.

물론 제대로 된 성과를 내지 못하는 분야도 있다. 일부 프리랜서 통신원들은 그저 할당량을 채우기 위해 무의미한 기사를 송고하기도 한다. 이런 저질 기사들이 발생하는 원인은 지면 중심의 낡은 사고방식 탓이거나, 뉴스 통신사들이 속보성으로 타전하는 기사에 의존하지 않으려는 신문사의 관행[7] 때문인 측면도 있다. 그러나 미국 각 주와 전 세계에 파견된 뉴욕타임스 통신원들은 대부분 뉴스 통신사보다 속보성에서 뒤처지고, 질 낮은 기사를 송고하곤 한다. 오히려 이런 기사들로 인해 편집에 쓸데없이 손이 많이 가고 시간이 많이 걸리는 문제가 발생한다.

프리랜서의 운용에 대해 좀 더 창의적인 접근을 할 때가 됐다. 다만 프리랜서의 운용 폭을 좁힌다는 것을 단순하게 비용의 문제로만 접근해선 안 된다. 그동안은 편집국이 예산 압박을 받을 때 프리랜서들의 월급을 가장 먼저 삭감하곤 했다. 그러나 이런 식의 접근은 결코 효율적이지 않다. 몇몇 분야에서의 프리랜서 운용은 엄격한 검토를 거쳐 폐지할 것이지만, 프리랜서 관련 예산 규모는 오히려 늘어날 수도 있다.

업무 방식의 혁신

지면 중심의 편집국 구조는 디지털 시대에 맞게 재편성되어야 한다. 앞으로 편집국은 디지털 시대로 전환하는 과정에서 나타날 위험 요소들을 감당해야 하며, 그러기 위해서는 보다 민첩해져야 한다. 과거처럼 본능적 감각에 따라 판단하는 방식이 아닌, 체계화되고 전문화된 시스템 경영으로 편집국이 운영되어야 한다.

뉴욕타임스는 지난 20년간 지면만을 위한 조직 구조와 업무 프로세스를 고수해 왔다. 전반적인 업무가 아직 지면 시절의 방식을 벗어나지 못한 것이 사실이다. 이제 뉴욕타임스의 업무 방식도 대대적인 혁신을 도모할 때가 됐다.

선명한 미래 비전 설정

선명한 비전을 가진 뉴욕타임스의 리더십과, 그 비전을 공유하고 이해한 구성원들 덕분에 그래픽, 데일리 브리핑, 요리, 웰빙 섹션 등 지금까지 진행해 온 디지털 영역에서의 성공이 가능했다.

일련의 성공은 결코 우연이 아니다. 뉴욕타임스가 추구한 디지털 저널리즘은 새로운 방식으로 독자들에게 다가가고 이야기를 전달할 수 있는 새로운 길이 되었다. 이제 우리는 디지털 저널리즘 시대에 무엇을 취하고 무엇을 버려야 할지 선택의 기로에 놓여 있다. 종이 신문 시절의 성공 방식보다 더 능동적인 새로운 성공 방식을 찾아야 한다.

하지만 많은 부서의 구성원들이 여전히 뉴욕타임스의 미래 비전을 명확하게 이해하지 못하고 있다. 많은 이들이 여전히 지면 시절의 비전에 젖어 있는 것이 사실이다. 대부분의 부서들은 자신들의 타깃 독자층이 누구인지 제대로 결론 내리지 못 했으며 그 부서에 가장 적합한 기사 형식이 어떤 것인지 여전히 모른다. 많은 구성원들이 회사의 미래 비전에 대해 제대로 알고 싶어 하며, 비전을 정확히 파악한다면 더 좋은 기사를 쓸 수 있을 것이라고 말하고 있다. 이에 2020그룹은 구성원들이 고민해야 할 3가지 미래 비전을 이번 보고서에서 제시한다.

《저널리즘》 어떤 기사를 취재할 것이며 그 방식은 어떻게 할 것인가? 경쟁사와의 차별화를 위해 무엇을 할 수 있을 것인가?

《독자》 각 부서의 타깃 독자층은 누구인가? 그들이 어떻게 우리의 콘텐츠를 접하도록 만들 것인가? 독자들이 마치 습관처럼 뉴욕타임스의 콘텐츠를 찾게 하는 방법은 무엇일까? 각 부서의 목표는 무엇이며 목표 달성 여부를 측정할 수 있는 방법은 무엇일까?

《운영》각 부서별로 필요한 핵심 기술은 뭘까? 현장 기자와 콘텐츠 제작자, 팀장과 편집자의 업무는 어떻게 분담해야 할까? 각 부서는 서로 어떻게 협업할 것인가?

목표 달성을 위한 책임감

지면 시절에는 각각의 기사에서 어떤 요소들이 전체적인 성과에 기여했는지 굳이 분석할 필요가 없었다. 총점이 워낙 높아 작은 부족함들이 자연스럽게 가려졌기 때문이다. 당시엔 성과를 수치화하는 것 자체가 불필요하거나 번거로운 일로 치부된 측면도 있다. 이런 배경 속에서 뉴욕타임스는 지속적인 명성을 누리며 수익을 올려 왔다.

그러나 언론계는 급변하고 있다. 과거와 달리 이제는 성과를 수치로 정확히 측정할 수 있다. 뉴욕타임스는 여전히 최고의 언론사라는 명성은 유지하고 있지만, 막상 시장에서의 입지는 조금씩 위협받고 있다.

이런 상황에서도 우리는 과거의 업무 관행을 바꾸지 못하고 있다. 대부분의 부서들은 여전히 선명한 목표를 설정하지 못하고 있다. 목표를 달성해야 한다는 책임감은 더더욱 없다. 데이터 관련 부서는 기사 조회 수와 같은 지극히 지엽적인 성과에만 집착한다. 우리가 이루려는 궁극적인 목표가 무엇인지 명확하게 알지 못하는 것이다.

2020그룹의 설문 조사에 참여한 많은 구성원들은 편집국이 제시하는 비전이 정확하고 투명하게 공유되지 않고 있다는 불만을 제기하기도 했다. 어떤 이는 "목표가 무엇인지, 그리고 왜 새로운 방식을 도입하는지에 대해 더 잘 이해할 수 있다면, 회사의 새로운 시도들을 더 열린 마음으로 받아들일 수 있을 것"이라고 지적하기도 했다.

요리 섹션의 성공에서 알 수 있듯, 대략적인 목표라도 일단 설정을 하는 것이 결과에 훨씬 긍정적인 영향을 미친다. 목표를 설정하면 업무를 진행하는 과정에서 우리가 놓치고 있는 것이 무엇인지 제때 판단할 수 있기 때문이다.

목표는 그에 상응하는 책임감이 뒤따를 때 달성할 수 있다. 회사는 성과를 내는 부서의 입지를 확보해 주고, 목표를 향해 제대로 항해하지 못하는 부서의 방향타를 수정해 줘야 한다. 실패한 부서의 인적, 물적 자원을 다른 부서로 재배치하고 필요시엔 리더십을 교체해야 한다. 이제 더 이상 "노력하고 있다"며 실제로는 아무런 구체적 노력 없이 시간을 때울 수 있는 시절이 아니기 때문이다.

성공의 재정의

우리는 그간 데이터 분석 기술을 활용해 성과를 냈다. 이제 어떤 기사가 독자의 공감을 얻는지 파악하고 적절하게 생산할 수 있게 된 것이다. '낚시성 기사' 등 온라인 무대에서의 소극적 성과의 유혹을 참아 내며 영향력 있는 기사를 제공하기 위해 노력한 결과다.

여기서 한 단계 더 진화해야 한다. 기사 조회 수는 기사의 성과를 측정하는 하나의 척도가 될 수는 있으나 그것이 곧 '저널리즘의 성공'을 의미하지는 않음을 명확히 알아야 한다. 뉴욕타임스는 유료 구독자 중심의 사업 모델을 추구하고 있으며, 단순히 높은 조회 수를 달성하는 것은 우리의 목표가 아니다.

실제 뉴욕타임스가 내놓는 양질의 기사들 중에는 높은 조회 수를 얻지 못하는 기사들도 꽤 있다. 하지만 독창적인 분석과 내용으로 구성되고 독자들에게 반향을 일으켰음에도 10~20만 정도의 낮은 조회 수를 기록한 기사와, 깊이 없는 화제성 온라인 기사를 비교하자면, 뉴욕타임스의 입장에서는 당연히 전자가 더 소중한 기사라고 할 수 있다.

'데이터 및 독자 인사이트data and audience insight'팀은 기사의 성과를 평가하는 새로운 방식을 만들고 있다. 이제 거의 개발 완료 단계에 접어든 이 새로운 방식이 도입되면 기사의 성과를 판단할 때 조회 수 측정보다 훨씬 정교하고 효과적인 방식을 적용할 수 있을 것이다.

하지만 어떤 방식도 아주 완벽하진 않을 것이다. 수치화된 자료와 기사의 질에 대한 편집국 내부의 판단을 종합적으로 고려해 무엇을 취재하고 어떤 기사를 독자들에게 선보일지를 결정해야 한다. 이 두 가지 고려 사항의 밸런스를 찾는 것은 쉬운 일은 아닐 것이다. 현재로선 기사의 조회 수만으로 성과를 평가하거나 지면에 실렸다는 이유만으로 "좋은 기사를 썼다"고 자만하지 않는 것이 중요하다.

교열·편집의 변화

2020그룹 설문 조사를 통해 기자들이 취재 및 기사 작성 초기 단계부터 교열·편집 부서와 적극적으로 협업하길 바라고 있다는 결론을 도출할 수 있었다. 기자들은 이런 과정을 통해 기사가 더 날카롭게 다듬어질 수 있을 것이라고 생각하고 있었다. 동시에 많은 기자들과 에디터들이 우리가 지나치게 세세한 교열·편집 작업에 시간을 낭비하고 있다고 입을 모았다.

교열과 편집은 매우 중요하다. 2020그룹이 이를 간과하는 것은 아니다. 문법, 맞춤법 오류, 오탈자 등 기초적인 실수에 따르는 대가는 크다. 이런 실수들은 독자들에게 우리의 기사가 엉성하며 읽을 가치가 별로 없다는 인상을 준다. 실제로 엉성한 기사를 낼 때마다 항의가 빗발치곤 한다. 그렇지만 글의 재배치, 삭제, 추가와 같은 단순하고 큰 의미가 없는 편집에 너무 많은 시간을 낭비하고 있는 것 역시 사실이다. 이런 낭비는 기사의 전체적인 방향을 잡거나, 어떻게 하면 기사가 더 날카로울 수 있을지 고민하는 시간이 오히려 적어지는 악영향을 낳는다.

편집의 힘을 살리기 위해 전반적인 편집의 과정을 오히려 기사 작성의 전반부 단계로 이동시킬 필요가 있다. 교열·편집 부서를 포함해 편집국 구조의 전체적인 변화가 필요하다는 뜻이다.

뉴욕타임스는 현재 의미 없는 교열·편집에 너무 많은 힘을 낭비하고 있다. 전반적으로 교열·편집이 '너무 많이' 이뤄지고 있다고 할 수 있다. 독자들은 우리가 편집 대신 취재에 더 많은 힘을 쏟을 때 더 큰 만족을 얻게 될 것이다.

기사의 상품화

뉴욕타임스가 '뉴스의 종착지'로서 제대로 기능하기 위해서는 독자들에게 더 인상적인 콘텐츠를 제공해 우리의 기사를 읽고, 보고, 듣는 경험이 더 특별해지도록 할 필요가 있다. 이는 상품팀product team[8]과의 협력을 통해 달성할 수 있을 것이다. 뉴욕타임스는 독자들의 뉴스 소비 패턴을 이해하고, 언론 생태계에서의 경쟁에 대한 통찰력을 가졌으며, 서로 다른 부서의 기사가 어떻게 융합할 수 있는지를 이해하는 기자와 전문가를 필요로 한다.

각 부서는 서로의 업무에 대한 이해도를 높여야 한다.

2016년 뉴욕타임스는 국립 아프리카계 미국인 역사박물관, 알츠하이머병과 싸우고 있는 한 여인의 이야기, 중동 지역을 전체 지면에서 다룬 '선데이 매거진', 함자 알자미와 안토니 테일러라는 두 복싱 선수의 이야기 등 여러 특집 기사를 발간했다.

아직 상품팀은 기자들이 무엇을 어떻게 취재하는지 등 편집국이 돌아가는 방식에 대해 정확하게 이해하지 못한다. 편집국 또한 상품팀이 어떤 일을 하는지 잘 모른다.

요약하자면 편집국은 "어떻게 하면 오늘 기사를 잘 쓸 수 있을까?"라는 단기적인 문제에 집중하고, 상품팀은 "어떻게 하면 독자들이 우리를 통해 새로운 경험을 할 수 있을까?"라는 장기적인 문제에 집중한다는 것이다.

에디터들은 우리의 콘텐츠가 다양한 플랫폼에서 어떻게 구현될 수 있을지에 대해 크게 고민하지 않는다. 상품팀은 보도의 우선순위를 제대로 인지하지 못한다. 이런 불협화음

속에서는 당연히 문제가 나타날 수밖에 없다. 지루한 구성의 홈페이지가 지난 10년간 사실상 방치됐다는 것이 이런 문제의 사례일 것이다. 두 부서 간의 긴밀한 협력 관계를 구축하면 편집국과 상품팀 각각의 업무가 더욱 효율적으로 진행되는 시너지가 나타날 것이다.

지면의 위상 변화

뉴욕타임스의 지면은 여전히 많은 독자들에게 사랑받고 있다. 우리의 지면은 뛰어난 기사, 사진, 그래픽, 예술적 감각이 합쳐진 결과물이라고 할 수 있다.

그러나 현재의 편집국 상황은 애매한 것이 사실이다. 디지털로의 전환이 진행 중인 현재 상황만을 놓고 보면 앞으로 지면의 입지를 유지하는 데 어려움을 겪을 수 있다. 그러면서도 현재 편집국의 구조는 양질의 디지털 콘텐츠를 만드는 데도 결코 효율적이지 못하다. 편집국 구성원들이 여전히 지면 시절의 리듬에 맞춰 하루 일정을 짜도록 돼 있기 때문이다. 이런 상황은 더 나은 디지털 콘텐츠 제작은 물론이고 지면의 질을 개선하는 데도 도움이 안 된다.

지면 제작부print hub는 지난해 지면 전용 섹션을 새로 만들거나 지면의 장점을 극대화할 수 있는 특집 기사를 발굴하는 등 괄목할 만한 성과를 냈다. 이 성과는 지속 가능해야 하며 궁극적으로는 지면 제작부가 자율적 운영이 가능한 조직으로 성장하는 것이 목표다. 우리는 지면의 개선과 성장을 위한 여러 조치들을 취하고 있다.

지면 제작부가 경쟁력을 갖추면 다른 팀들에게 자극제가 될 것이다. 그리고 뉴욕타임스는 다른 경쟁사들을 압도하는, 정교하고 영향력 있는 기사를 지금보다 더 많이 만들어 낼수 있을 것이다. 현재의 편집국은 지면 중심의 시절에 맞는 비대한 조직이다. 취재의 우선순위가 흐릿해지고, 같은 주제를 취재하는 기자들 간 협업도 제대로 이루어지지 않고 있다.

그 결과 어떤 독자들을 타깃으로 삼아야 하는지, 그들이 어떻게 뉴욕타임스의 콘텐츠를 소비하는지에 대한 고민과 이해가 부족한 상황이 됐다. 그런 점에서 기후climate와 성 문제gender 섹션을 만든 것은 뉴욕타임스가 바람직한 방향으로 가고 있다는 징표가 될 것이다.

'우리는 반드시 혁신해야 한다'는 명제는 그 자체로서 실현이 어렵거나 쓸데없이 위협을 부각하고 위협 요인을 증가시키는 것으로 여겨질 수도 있다. 뉴욕타임스는 이미 충성도 높은 독자들을 확보한 가장 영향력 있는 언론사 중 하나이기 때문이다. 그러나 '혁신해야 한다'는 명제 자체는 결코 새로운 것이 아니다. 지난 수 세기 동안 우리는 혁신하는 조직만이 살아남을 수 있다는 것을 봐왔기 때문이다.

과거엔 뉴욕타임스의 지면이 짧고 무미건조한 사실 보도 기사들로만 채워진 적도 있다. 1980년대 초반까지만 해도 뉴욕타임스의 1면은 10여 개가량의 많은 기사와 큰 의미가 없는 작은 사진들로 빽빽하게 채워졌다. 심지어 편집자들이 "단어 퍼즐을 신문에 싣는 것이 뉴욕타임스의 명성에 해를 끼친다"고 생각했던 시절도 있었다.

하지만 독자들의 수요가 변했고 이에 맞춰 뉴욕타임스도 변화의 길을 걸었다. 뉴욕타임스가 추구하는 고유한 저널리즘의 가치는 변하지 않았지만 그 가치를 표현하는 방식이 바뀐 것이다. 선배 세대들은 주말 매거진, 책 리뷰, 독자 편지, 데일리 특집 등 새로운 섹션과 컬러 사진을 신문에 배치하는 새로운 시도들을 해냈다. 이러한 혁신 정신이 이어져 전 세계에서 가장 우수하다는 평가를 받는 뉴욕타임스의 기사는 지면에서 컴퓨터로, 이제는 스마트폰으로 옮겨져 독자들에게 다가가고 있다. 그러나 디지털 혁신은 아직 끝나지 않았다. 오히려 독자들이 뉴스와 정보를 접하고 소통하는 방식은 더 빠르게 변하고 있다. 이제 우리도 독자들의 속도에 발을 맞춰야 한다.

2020그룹은 뉴욕타임스의 미래에 대해 낙관과 우려를 동시에 느끼며 이번 프로젝트를 진행했다. 결론적으로는, 전 세계 수백만 명의 독자들이 찾는 콘텐츠를 확보하고 있다는 점에서 뉴욕타임스의 미래는 분명히 낙관적이라고 할 수 있다.

뉴욕타임스가 고수해 온 저널리즘의 가치는 여전히 유효하다. 뛰어난 기사, 탄탄한 조직, 밀도 있는 탐사 보도, 각종 특집 기사 등은 뉴욕타임스를 돋보이게 할 수 있는 요소들이다. 이를 바탕으로 뉴욕타임스는 몇 년 안에 더 강하고 영향력 있는 언론사로 거듭날 것이다.

하지만 이런 희망적인 전망을 마치 당연한 것처럼 기다리기만 해서는 안 된다. 미래는 누구도 알 수 없기 때문이다. 뉴욕타임스는 디지털 저널리즘의 구현과 회사의 경영이라는 측면에서 모두 강력한 도전에 직면해 있다. 직면한 도전들을 제대로 이겨 내지 못한다면 뉴욕타임스의 위상을 경쟁사들에게 빼앗기고 말 것이다. 과거 굳건했던 회사들이 혁신하지 못해 무너진 것과 같은 전철을 밟게 될 것이라는 뜻이다.

현재 뉴욕타임스는 선배 세대가 맞닥뜨렸던 것보다 훨씬 위협적이고 도전적인 과제들에 직면해 있다. 그러나 선배 세대의 도전과 우리 세대의 도전은 본질적으로는 결국 같다고 할 수 있다. 뉴욕타임스가 고수해 온 저널리즘의 가치를 더 확고히, 창의적으로 실현하는 것이다. 우리는 지금보다 더 발빠르게 행동하고 혁신해야 한다.

2020그룹은 뉴욕타임스 구성원들에게 '미래의 뉴스룸'은 어떤 모습이어야 할지 물었다. 200명에 가까운 사람들이 설문조사에 응했다. 그중 눈에 띄는 답변들을 모았다.

취재와 기사 작성

많은 구성원들이 뉴욕타임스가 큰 의미가 없는 '800자짜리 기사(역자 주 — 사실 위주의 단신 기사)'를 너무 많이 쓰고 있다고 답했다. 많은 사람들이 프로필, 심층 취재, 긴 호흡의 기사는 물론 아주 짧은 속보성 기사나 '라이브 블로그'를 더 많이 활용해야 한다고 강조했다. 많은 에디터들이 자신들도 기사를 직접 쓰고 싶다고 언급했으며, 기자-에디터의 관계가 선수-코치와 같은 관계가 됐으면 좋겠다고 말한 기자도 있었다.

> "800자짜리 기사는 지면에선 꼭 필요한 기사다. 하지만 관련 연구나 온라인에서의 통계를 보면 이런 기사는 온라인에서는 잘 먹히지 않는다. 편집국도 이런 사실을 알고 있는 것 같지만, 아직은 그저 기계적으로 큰 의미 없는 기사들을 양산하는 것 같다."

> "모든 영역을 다 커버해서 뉴스로 제작하겠다는 욕심을 버리고 '새로운 이야기'를 발굴하는 데 취재력을 집중했으면 좋겠다."

"기사를 어떤 방식으로 보도할 것인지에 대해 기자들이 좀 더 융통성 있게 대응했으면 한다. 현장에 나간 기자가 보도에 필요한 충분한 수단들을 확보한 상태라면 어떤 방식으로 기사를 보도할지 스스로 정해야 한다고 생각한다. 실시간 시위 현장에서 페이스북 라이브를 활용하기 위해 5명의 에디터에게 전화를 걸거나 불필요하게 많은 이메일을 주고받으며 기사 승인을 받는 것은 효율적이지 않다."

"인력 활용에 융통성이 필요하다. 에디터라는 자리를 더 이상 기사를 안 써도 되는 자리로 여겨서는 안 된다. 특정 분야에 전문성이 있는 기자들은 에디터가 된 뒤에라도 후배 기자들의 기사에 조언을 줄 수 있어야 한다. 지나치게 엄격하게 직무를 분리하거나 상명하복과 같은 조직 문화를 지양하고 '공동 책임제'를 지향해야 한다."

교열·편집

기자들은 기사 작성 과정의 초기 단계에서부터 교열 및 편집자들과 더 활발하게 소통했으면 좋겠다고 말했다. 기사의 구현 방식과 기사를 홍보하는 방안도 회사 차원에서 더 개발하기를 원했다. 지면에 들어가기 위한 편집 때문에 자신의 기사가 온라인에 표출되는 타이밍을 놓치는 것에 대한 불만도 높았다.

몇몇 에디터들과 기자들은 교열 및 편집부가 기사의 시급성을 고려해 작업을 진행했으면 좋겠다는 바람을 나타내기도 했다.

"마치 개들이 어딘가에 자신의 영역 표시를 하듯, 교열·편집 자들은 자기가 일했다는 표시를 하려고 기사 하나하나에 지나치게 세세하게 칼질을 한다. 결국 기사의 몇 단어를 억지로 고치고 나서야 겨우 기사를 출고할 수 있다."

"취재한 스토리를 어떤 형식으로 표출할지에 대한 고민이 없다. 그 결과 그저 그런 기사들을 불필요하게 양산하게 된다. 아이템 발제와 새로운 아이디어 개발에 더 많은 시간을 썼으면 좋겠다. 사람들에게 특별한 감흥을 주지 못하는 기사들은 과감히 '킬(kill)'[9]할 필요도 있다."

"효율적인 업무 방식을 아는 에디터와 기자를 채용해야 한다. 솔직히 말해서 언제까지 평범한 기사에 5명의 에디터들이 붙어서 몇 시간이고 입씨름하는 상황을 봐야 하나 싶다. 여전히 편집국에는 지면 중심의 문화가 팽배하다. 한편으론 디지털 시대에서도 교열팀만큼은 기사의 질과 회사의 명성 유지를 위해 필수적으로 일정 규모를 유지해야 한다고 생각한다."

"교열팀에서 너무 많은 시간을 낭비하고 있다. 교열팀은 변화하는 뉴욕타임스에게 너무 경직된 스타일을 고수하고 있다."

"시급한 속보나 타사와 차별화되는 단독 기사가 출고되기까지 너무 많은 과정을 거쳐야 한다. 불필요한 편집이나 교열 업무가 너무 많다. 업무의 어떤 부분을 우선순위에 놔야 하는지 모르고 있다는 느낌이다."

"회사의 정책과 무관하게 여전히 지면 중심의 편집이 진행된다. 지면에 빈자리가 나길 기다린다고 내 기사가 몇 주 동안 묶여 있던 적도 있다."

시각화

구성원들은 기사를 시각적으로 돋보이게 하려는 회사의 방침에 기대감을 나타냈다. 동시에 시각화된 기사의 제작을 가로막는 내부의 장벽도 꽤 높다고 했다. 많은 이들이 특히 영상팀이나 그래픽 디자이너들과의 협업이 아예 없거나 제한된 상황을 지적했다. 몇몇 기자들은 아주 간단한 그래픽들은 아예 스스로 제작하고 싶다고 답하기도 했다.

"기사나 에디터들이 그래픽팀의 도움을 받기가 너무 어렵다.

각 부서마다 그래픽이나 인터랙티브 담당자가 있어야 한다. 이들이 처음부터 기사 제작 과정에 관여해 해당 기사가 어떤 형식에 적합한지 판단하고 전문 지식을 활용해 최적화된 기사를 만들 수 있을지 고민하는 과정이 필요하다."

"어떤 디지털 기사들은 지나치게 세련돼 오히려 접근성을 낮추는 것 같다. 친밀함과 우연성은 인터넷에서 꽤 중요한 부분이다. 그런 부분을 공략하기 위한 과감한 결정을 못 내리는 것 같다."

"난 영상팀과는 단 한 번도 대화해 본 적이 없다."

"각 팀마다 그래픽을 만들 수 있는 사람이 있거나, 기자들이 간단한 차트나 지도를 직접 만들 수 있다면 더 효율적일 것이다. 그래픽을 추가하면 기사의 설득력을 높일 수 있다는 것을 알지만 정작 그래픽 작성에 대해 별 도움을 받을 수 없다는 사실에 소극적으로 대응하게 된다."

기사의 톤과 스타일

기사의 톤과 스타일을 바꾸는 시도에 대해서는 상반되는 반응이 있었다. 어떤 기자들은 새로운 시도에 찬성했으나 정작 어떻게 해야 할지는 잘 모른다고 답했고, 다른 기자들은 편집이나 교열 과정에서 새로운 시도가 차단된다고 답하기도 했다. 변화에 신중할 필요가 있다는 답도 나왔다.

"우리 기사엔 이성보다 감성이 더 필요하다. 우리는 감성적 기사를 지양하고 있지만 이제는 바뀔 필요가 있다. 감성은 독자들의 충성도를 높이는 데 큰 도움을 주는 부분이라고 생각한다. 대부분의 기사가 마치 전형적인 '남자 임원'이 말하는 톤으로 작성되고 있는데, 이런 기사는 독자들을 끌어오는 데 도움이 안 된다."

"에디터들은 정형화된 기사가 아닌 개성이 담긴 기사를 요구한다. 그런데 정작 그런 기사를 송고하면 교열·편집팀에서 항상 그 부분만 골라서 삭제한다. 삭제된 단어 하나, 문장 하나를 다시 집어넣으려고 설득하는 과정이 굉장히 피곤하다. 기사 스타일을 조금 자유롭게 하려고 교열팀 사람들에게 지나치게 매달려야 한다."

"오보를 냈을 때 뉴욕타임스는 타사보다 더 많은 지적과 비판을 받는다. 독자들은 우리에게 높은 기준을 요구하고, 우리가 오보를 냈을 때 마치 배신을 당한 것 같은 반응을 보인다. 뉴욕타임스는 최고의 언론사이기를 추구하고, 이를 위한 높은

기준은 필수적이다. 다만 기사의 질을 유지하기 위해 실력 있
는 에디터들이 더 필요한 것 역시 사실이다."

편집국과 조직

지면 제작부를 분리해 운영하는 것이 혁신을 위해 필수적이라
는 공감대가 있었다. 다만 세부적인 부분에 대해 일치된 의견
은 없었다. 편집국 내 부서들 간 협업이 없는 것에 대한 불만
의 목소리가 높았다. 몇몇 구성원들은 에디터와 기자의 직무
구분이 지금보다 옅어져야 한다고 주장하기도 했다.

"기자가 편집을 하고 에디터가 기사를 쓰는 교차 업무를 다른
언론사들은 이미 시도하고 있다. 조직을 단순화하고, 구성원
간 협업을 추구하고, 능력을 다변화하고 하루 스케줄을 소화
하는 방식을 다양화해야 한다."

"현재의 뉴욕타임스는 부서 간 협업도 별로 없고, 팀워크와 동
료애가 약한 상황이다."

"기자들이 능력을 키우기 위해 다양한 에디터들과 협업할 수
있는 방법을 찾아야 한다. 기자들이 어떻게 하면 각종 분야를
넘나드는 기사를 쓸 수 있을까? 우리는 그런 기자가 되라는

주문을 받고 있지만 막상 현실에서는 무척 난해한 일이다."

"에디터들은 부서의 한계를 뛰어넘어야 한다. 다른 부서와 얼마나 협업을 했는지에 대한 동료들의 평가가 에디터들의 직무 평가에 반영돼야 한다고 생각한다. 그리고 업무를 게을리하면 패널티가 적용돼야 한다."

"내가 취재한 기사를 가장 적절하게 활용할 수 있는 부서에 송고하고 싶다. 이런 방식이 다른 기사에도 똑같이 적용될 수 있다고 생각한다."

채용, 교육, 개발

일부 응답자들은 뉴욕타임스의 채용 과정이 투명하지 않다는 의문을 제기했다. 또한 상급자들의 채용에 있어 인종이나 성별, 경험의 다양성을 고려하지 않는다는 지적도 있었다. 입사 후 제대로 된 직무 관련 교육을 받을 기회가 없으며, 커리어 개발의 기회도 너무 적다는 불평도 있었다.

"회사는 구성원의 커리어 발전에 더 많은 투자를 할 필요가 있다. 그저 개성이 있는 인재를 채용하거나 독특한 전형을 실시하는 데 그친 것이 아니라 채용 후에도 일정 수준의 멘토링

이나 커리어 개발 교육이 필요하다."

"에디터들이 대부분 전·현직 기자 출신으로 구성된 것은 문제라고 생각한다. 뉴스를 만드는 기술 외에 기획이나 행정의 경험도 중요하다. 그런 경험을 통해 기술적인 다양성을 가진 사람들이 에디터로 더 배치돼야 한다."

"앞으로의 전략에 대해 편집국 전체 인원과 더 소통하고 공유하는 것이 아주 중요하다고 생각한다. 지난 1~2년간 정책의 변화가 잦아서 많은 사람들이 힘들어했다. 우리가 무엇을 추구하려고 하는지, 그리고 왜 기존과 다른 방식을 시도하는지에 대해 잘 이해할 수 있다면 새로운 시도들을 더 열린 마음으로 받아들일 수 있을 것이라 생각한다."

"다양한 플랫폼에 대해 교육받고 활용할 줄 아는 것이 중요하다. 뉴욕타임스는 타사와 달리 직무 융합이나 포지션에 변화를 주는 방식으로 구성원들이 언제나 리프레시 할 수 있도록 자극을 주는 것으로 안다. 그런데 입사한 지 얼마 안 된 내가 지금까지 본 바로는, 구성원 스스로가 어떤 직무를 맡을지에 대한 결정권은 크지 않은 것 같다. 또 새 직무에 대한 교육 과정이 좀 무계획적이다."

"회사의 목표가 무엇이든 리더들은 목표에 대한 책임감을 가져야 한다. 우리는 외부의 평가에 많은 신경을 쓰지만, 누구도 '이 부서는 다음 달 기사의 40퍼센트가량을 시각적 요소들로 채워야 해'라는 등의 구체적 지시를 통해 책임을 부여하진 않는 것 같다."

주

1 _ The Innovation Committee. 뉴욕타임스가 디지털 저널리즘의 미래를 처음으로 구체화한 것이 바로 이 혁신 위원회를 통해서다. 종이 신문 시절에 안주할 수 없는 언론 생태계의 변화를 분석하고 편집국 전체의 근본적인 변화를 통해 디지털 저널리즘으로 가는 방향성을 제시했다. 뉴욕타임스는 2014년 첫 혁신 보고서 이후 2015년 〈우리가 가야 할 길(Our Path Forward)〉, 2017년 〈2020그룹 보고서〉 등으로 디지털 저널리즘의 미래 비전을 구체화하고 있다.

2 _ 전날 벌어진 주요 사건·사고나 당일 예정된 중요한 정치·사회·경제 분야의 일정을 간략히 요약해 소개하는 섹션. 이른 아침에 업데이트되며 스마트폰 등 모바일 기기에 최적화된 편집 방식으로 많은 호응을 얻고 있다.

3 _ 영국의 유명 철학자인 사이먼 크리츨리(Simon Critchley)가 일종의 사회자 역할을 맡아 철학에 대한 이야기를 소개하는 코너다. 일주일에 1~2번 각기 다른 저자의 연재물이 올라오고 독자들은 댓글을 통해 활발하게 의견을 교환하며 소통한다. 뉴욕타임스는 이 코너에 대해 "시의적절하고 시간을 초월하는 현대 철학자 및 사상가를 위한 포럼"이라고 소개하고 있다.

4 _ 1961년 창간된 격월간 저널리즘 연구지다. 미국에서 인정받는 저널리즘 스쿨을 운영하는 컬럼비아 대학교에서 발간한다.

5 _ 뉴욕타임스는 독자들이 댓글을 달면 비속어의 포함 여부와 보도된 사안에 대한 적절한 논평 등 댓글의 수준과 적합도를 판단한 뒤 공개 여부를 결정한다.

6 _ 예를 들어 백악관을 담당하는 기자들의 경우 백악관을 자신들의 '출입처'라고 부른다. 한국의 언론계에도 이와 비슷한 문화가 있다. 청와대 등 주요 출입처의 경우 담당 기자의 역량에 따라 기사의 질이 달라지기 때문에 우수한 평가를 받는 기자들이 배치된다. 이런 출입처에서 나온 정보는 별도의 가공 없이 그 자체로도 가치가 높은 뉴스가 되기 때문에 기사 형식이 파격적으로 구성될 여지가 적은 편이다.

7 _ 계약을 맺고 신문사와 방송사에 기사를 제공하는 뉴스 통신사의 콘텐츠들은 과거 지면 중심의 언론 생태계에서는 필수적 존재였다. 그러나 통신사 뉴스의 신뢰성을 엄밀하게 검증하기 어렵다는 점과, 기사 양식 등의 차이로 인해 최근 들어서는 통신사 뉴스를

그대로 인용하는 것을 기피하는 현상이 발생하고 있다.

8 _ 뉴욕타임스의 다양한 콘텐츠에 맞는 플랫폼을 개발하는 것이 주 업무다. 콘텐츠가 효과적으로 독자에게 전달될 방법을 연구하고 편집국에 제안하기도 한다. 상품 매니저, 디자이너, 개발자로 구성돼 있다.

9 _ 언론계의 은어다. 편집국의 데스크(부서장)들은 소속 기자가 올린 정보의 가치를 판단해 보도 여부를 결정하는데, 이때 채택되지 못한 정보에 대해 "킬한다" 혹은 "킬 됐다"고 표현한다.

북저널리즘 인사이드　　　　저널리즘의 항해

"뉴스의 종착지destinaton." 뉴욕타임스가 추구하는 디지털 저널리즘의 목표는 간결하고 확고하다. 이들은 단순히 '디지털 시장의 강자'를 넘어 언론계의 최강자로 군림하길 원한다. 뉴욕타임스의 체질 개선을 통한 언론 생태계의 체질 개선. 〈2020 그룹 보고서〉가 제시하는 궁극적 지향점일 것이다.

〈2020그룹 보고서〉는 뉴욕타임스의 세 번째 미래 보고서다. 2014년 혁신위원회가 만든 첫 혁신 보고서인 '혁신Innovation'은 사실 내부용으로 제작된 것이 유출되면서 세상에 알려졌다. 버즈피드가 자신들이 '가장 강력한 경쟁 상대'로 지목된 뉴욕타임스의 내부 보고서를 몰래 입수해 공개한 것이다. 당시 보고서에선 너무 커져 버린 몸집 때문에 혁신에 속도를 내지 못하던 뉴욕타임스의 고민과 조급함이 읽혔다.

하지만 2012년 제작된 인터랙티브 기사 '스노우폴snowfall'이 퓰리처상을 수상하는 등 뉴욕타임스는 천천히 고지로 올라가고 있었다. 뉴욕타임스와 겨룰 만한 덩치의 경쟁자들 정도나 '혁신' 보고서를 폄하했지, 대부분의 언론에게 이는 디지털 저널리즘으로 가는 가이드라인이나 마찬가지였다.

대외적인 평가에 자신감을 얻은 뉴욕타임스는 2015년 발행된 두 번째 미래 보고서에선 구체적인 목표치를 제시했다. '우리가 가야 할 길Our Path Foward'이라는 제목의 이 보고서에서 뉴욕타임스는 2020년까지 디지털 수익을 8억 달러로 끌어울릴 것이라는 등 목표를 수치화했다. 디지털 저널리즘의 사업 전망에 어느 정도 영점이 잡혔음을 의미한다.

그리고 올해 나온 〈2020그룹 보고서〉와 함께 뉴욕타임스는 드디어 디지털 저널리즘을 향한 본격적인 항해를 시작했다. 지면의 위상을 디지털로 옮기겠다는 방침과 함께 인력 및 조직 개편 구상까지 담았다. 가야 할 방향을 제시하고, 영점을 맞추며 분명한 목표치를 제시한 뒤 "자, 준비됐으니 이제 출발하자"라는 선언을 한 셈이다.

뉴욕타임스 스스로 밝혔듯 이번 보고서가 성명서statement 같은 느낌을 주는 것은 이런 이유에서다. 뉴욕타임스는 '뉴스의 종착지'라는 메타포를 통해 자신들이 출항시킨 배가 혼란스러운 언론 시장에서 '노아의 방주'가 될 것임을 천명했다.

물론 항해는 순탄하지 않을 것이다. 편집국 인력의 구조 조정을 언급한 이번 보고서에 대해 내부적으로는 반발 기류도 나타났다. 디지털 저널리즘이라는 영역이 과연 특정한 조직에게 독보적인 위치를 허락할지에 대한 외부의 비판적 시선도 여전하다.

그러나 프랑스의 작가 앙드레 말로는 "꿈을 그리는 사람은 점점 그 꿈에 가까워진다"고 말했다. 6년이 채 안 되는 기간 동안 기자로 일하며 체험했던 한국의 디지털 저널리즘은 "빠르게, 그리고 많이"었다. 대한민국의 언론은 여전히 양적인 부분의 디지털 저널리즘에 집착한다. 한국의 언론사가 빠르게 많이, 그리고 질적인 우수함까지 추구했다면 노아의 방주는 한국에서 출항했을지도 모르는 일이다. 모두가 비슷한 결과를 내는 것에 안도는 했을지언정, 누구도 독보적인 저널리즘을 꿈꾸지 않은 탓에, 한국 언론 전체의 질은 떨어지고 말았다.

디지털 저널리즘의 미래는 아직 알 수 없다. 뉴욕타임스의 길만이 유일한 방법이 아닐 수도 있다. 어쩌면 뉴욕타임스는 끝내 최강자로 군림하지 못하고 그저 선구자로만 남게 될지도 모른다. 그러나 그들은 최고와 가까운 위치에서도 '독보적이고 매혹적인 저널리즘'을 추구하고자 한다. 여전히 "구성원들도 혁신하고, 일하는 방식도 혁신해야 한다"고 말하는 그들을 우리는 언제까지 관망하기만 할 것인가.

서재준 에디터